AF463431

SOCIÉTÉ BRETONNE

D'ASSISTANCE

AUX BLESSÉS ET AUX MALADES

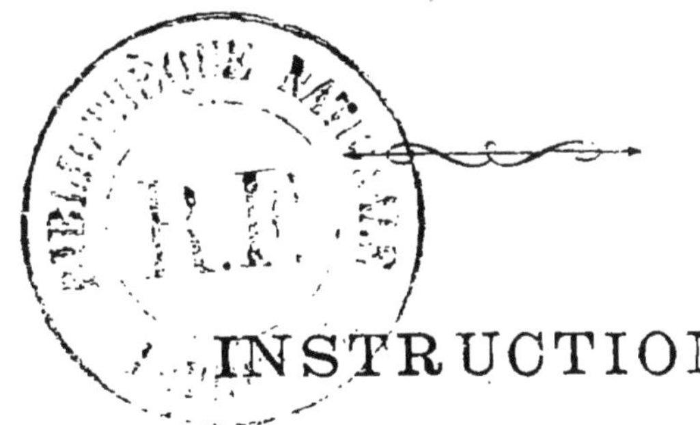

INSTRUCTIONS

Pour MM. les Membres-Visiteurs
de l'Association Bretonne

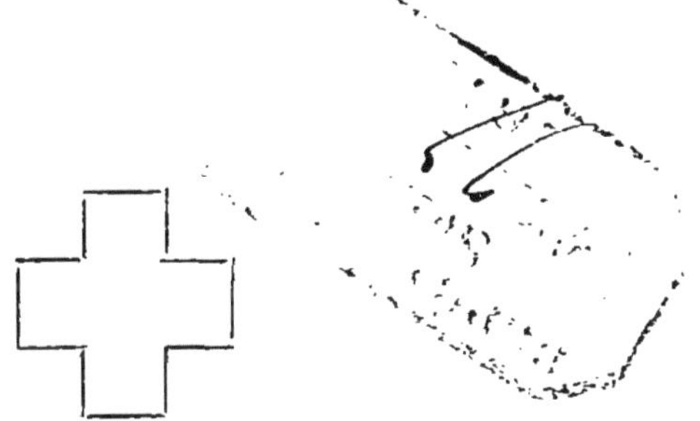

PARIS
IMPRIMERIE DE J. DUMAINE
Rue Christine, 2.

1871

SOCIÉTÉ BRETONNE

D'ASSISTANCE AUX BLESSÉS ET AUX MALADES

INSTRUCTIONS

Pour MM. les Membres délégués pour aller visiter, dans les ambulances, les blessés et les malades bretons

---

La Société bretonne d'assistance aux blessés et aux malades ne s'est point proposé de fonder des ambulances consacrées exclusivement ou en partie à ses compatriotes des cinq départements de la Bretagne qui servent comme soldats, gardes mobiles, marins, douaniers, gardes nationaux, etc.

Son but est d'assister moralement les Bretons, dans quelque ambulance qu'ils se trouvent, et de leur procurer les menus objets dont la possession ou l'usage est pour eux un adoucissement à leurs souffrances.

A cet effet, la Société délègue, pour parcourir les ambulances et y rechercher les Bretons, ceux de ses membres qui veulent bien accepter cette mission de dévouement.

En principe, le nombre des membres visiteurs est fixé

à quatre par arrondissement, c'est-à-dire un par quartier. — Ces membres sont choisis, autant que possible, parmi les personnes habitant le quartier dont la visite leur est confiée.

I

Tout membre fondateur ou adhérent de la Société bretonne qui désire remplir les fonctions de membre visiteur, doit s'adresser au Président de l'Association, rue de la Vrillière, nº 3 (de 9 heures à 11 heures du matin).

Chaque visiteur agréé reçoit une carte spéciale indiquant l'arrondissement et le quartier dans lesquels il doit exercer sa mission. — Cette carte ne donne au visiteur aucun caractère officiel; — elle lui permet seulement de se faire reconnaître comme membre visiteur de l'Association, d'obtenir l'accès des salles, et d'entrer en communication avec nos compatriotes, particulièrement avec *ceux qui ne parlent pas le français.*

Avant d'entrer en fonctions, tout membre visiteur est prié de se mettre en rapport avec les autres visiteurs de l'arrondissement, dont les noms et les adresses lui sont donnés au siége de l'Association.

Il concerte avec eux ses agissements de manière que la circonscription de chacun soit parfaitement délimitée et connue de tous.

Un livret, indiquant les différentes ambulances établies

dans Paris, est remis à chaque visiteur qui reçoit en même temps :

1° *Des lettres* (modèle A) ; quelques-unes de ces lettres doivent être laissées aux Directeurs des ambulances, avec prière de faire mettre à la poste un de ces imprimés à l'adresse du visiteur, pour le prévenir qu'un blessé ou malade breton est entré dans l'ambulance ou y est décédé (*le visiteur est prié d'inscrire préalablement son adresse sur ces lettres*) ;

2° *Des états nominatifs individuels* (modèle C) sur lesquels le visiteur inscrit le nom de chaque Breton assisté par lui et les autres indications que comporte l'imprimé. — Ces états sont envoyés au Président le samedi matin au plus tard, ou à des époques indéterminées lorsqu'il y a urgence de signaler quelque fait particulier. — Tout bulletin individuel envoyé pour un blessé ou malade qui a fait l'objet d'un état précédent, doit porter la mention : *déjà signalé*.

II.

Le Comité breton recommande particulièrement à chaque membre visiteur :

1° De se présenter dans les ambulances vers le milieu de la journée autant que possible, afin de ne pas gêner le service des pansements ou des visites médicales qui se fait généralement le matin et de rencontrer, par suite, plus de facilités dans l'accomplissement de leur mission;

2° De demander, à titre officieux, et sans manifester une pensée quelconque de contrôle, la communication des registres, bulletins d'envoi, etc., où sont portés les renseignements personnels concernant chaque Breton, dans le but d'établir facilement, en les complétant s'il y a lieu, d'après les indications du blessé ou du malade, les états individuels destinés au Comité;

3° De signaler *par urgence*, au Président ou au Secrétaire général du Comité, les Bretons qui ne parlent pas le français et pour lesquels il serait nécessaire d'avoir un interprète;

4° De donner avis des demandes faites par les blessés ou malades à l'effet d'obtenir leur transfert dans une autre ambulance, en indiquant le motif de cette demande (*convenances personnelles*, *etc.*, *etc.*); de faire connaître également la nécessité de ce changement lorsque, par exemple, un Breton ne parlant pas le français se trouve seul dans une ambulance, ou pour toute autre cause;

5° De se mettre en communication avec chaque Breton pour soutenir ou relever son moral, lui prodiguer des encouragements ou des consolations, solliciter sa confiance, lui faire voir qu'il n'est pas abandonné à Paris et que s'il est séparé momentanément de ses frères d'armes, il trouve ici des compatriotes s'intéressant à lui et cherchant à remplacer les affections dont il est privé.

Dans cet ordre d'idées, le visiteur s'efforcera de savoir du malade quelle est sa situation de famille, s'il est marié, s'il a laissé de vieux parents, si sa famille est dans le besoin, s'il y a intérêt à envoyer aux siens une petite somme d'argent, s'il a écrit à sa famille, et dans le cas où il ne saurait pas écrire s'il désire qu'on écrive pour lui (ce que le visiteur est prié de faire autant que possible devant l'intéressé).

Si plusieurs Bretons appartenant à la même commune se trouvent présents dans une ambulance ou des ambulances à proximité les unes des autres, le membre visiteur pourrait ne faire qu'une seule lettre pour tous et l'adresser au maire avec prière de répartir les renseignements entre les familles.

Le visiteur s'appliquera à faire connaître aux Bretons si dans les ambulances voisines se trouvent des hommes appartenant à la même commune, au même régiment, au même bataillon de mobiles, etc. — Il cherchera à obtenir les facilités désirables pour qu'un échange de visites puisse s'établir entre eux ; cette mesure a déjà produit de très-heureuses influences sur le moral des convalescents ;

6° En ce qui concerne particulièrement les blessés ou malades, le visiteur recherchera s'ils ont besoin de certains objets ou adoucissements matériels tels que chocolat, confitures, tabac, timbres-poste, papier, livres, argent de poche (surtout au moment de la sortie de l'ambulance), etc. Dans ces différents cas, le visiteur est autorisé à faire l'avance de la dépense qui lui sera remboursée sur bons signés de lui. Les bons dont il s'agit doivent être envoyés au Président avec le travail de la semaine, et le montant pourra en être touché la semaine suivante chez le trésorier de la Société, place Sainte-Opportune, n° 3 (de 9 h. à 2 h.).

La même autorisation d'achat direct s'applique à des jeux divers, pour le cas où quelques convalescents réunis dans la même salle, paraîtraient manquer de moyens de distractions.

(Pour tous ces dons et achats, il semble superflu de faire appel à la modération. Les visiteurs n'ignorent pas que les ressources de la Société sont restreintes, et qu'elle doit subvenir aussi à bien d'autres dépenses.— Il suffit de cette indication générale pour avoir l'assurance que chaque visiteur voudra bien agir avec l'économie d'un bon père de famille.)

A cette occasion, le Comité prie instamment les visiteurs de ne pas s'enquérir *publiquement* des besoins personnels des Bretons et de les prendre à part pour leur remettre les dons en argent et en nature dont il est question ci-dessus. Il importe beaucoup de ne faire naître aucun sentiment d'amertume ou de regret dans l'esprit de blessés voisins, originaires d'autres provinces et qui ne seraient point l'objet d'une égale sollicitude de la part de leurs compatriotes. Ces blessés appartiennent à la grande famille française, et la Société voudrait pouvoir s'occuper d'eux à ce titre. Aussi, ne verrait-elle qu'avantage à ce que les visiteurs en donnant des jeux, livres ou autres objets d'un usage général, voulussent bien indiquer que ce n'est point pour servir exclusivement à nos compatriotes, mais qu'ils doivent être mis à la disposition de tous les malades soignés dans l'ambulance ;

7° Le Comité recommande, en outre, de s'informer si les Bretons ont besoin de recevoir soit immédiatement, soit pour le jour de leur sortie définitive, des chaussettes, caleçons, gilets de tricot, gilets de flanelle, etc.—Si le besoin est immédiat, le visiteur doit adresser la demande des objets au trésorier sur bons signés de lui, et il lui en est fait délivrance suivant l'approvisionnement existant dans les magasins de la Société. — Si le blessé peut attendre sans inconvénient, le visiteur est prié de vouloir bien prendre note des besoins qu'il a constatés, afin de pouvoir y donner satisfaction au moment opportun.

Un dépôt d'objets de lainage est établi chez M. Gaudin, rue Abbatucci, n° 50. Les délivrances ont lieu chaque jour de 11 heures à midi, mais sur bons signés du Président seul, d'après les demandes des visiteurs. — Une certaine provision de vins fins pour malades existe également dans ce dépôt. — Dans le cas où les visiteurs jugeraient à propos d'en obtenir quelques bouteilles, ils sont priés d'en faire la demande dans la forme qui vient d'être indiquée.

Quant aux objets d'habillement et d'équipement (*capotes, chemises, souliers, etc.*), ils doivent être fournis par les corps, et la société ne peut en prendre l'achat à sa charge. Elle prie donc les visiteurs de s'informer si le manque de ces objets a été signalé aux corps afin que les malades puissent les recevoir en temps utile. Le Comité rappelle qu'au Luxembourg est installé un service d'intendance spécialement chargé de la mobile et que là on trouvera tous les renseignements nécessaires à ce sujet. Les militaires et les marins pourront pour la plupart fournir eux-mêmes les indications qui feraient défaut :

8° Les visiteurs n'omettront pas de signaler aux Bretons blessés qu'il est de leur intérêt personnel ou de celui de leurs familles de faire constater la nature de leurs blessures au moyen de certificats délivrés par les médecins traitants. Ces pièces sont indispensables pour justifier des droits à la pension, obtenir des emplois, etc., etc.;

9° Lorsque des convalescents reçoivent l'ordre d'évacuation, ils doivent être dirigés sur le Luxembourg ou sur le dépôt de leur corps quant il s'agit de la mobile; les autres militaires sont envoyés d'abord à la 1re division, place Vendôme, de là, aux Invalides, pour prendre leurs armes et ensuite à leur corps selon les ordres de l'autorité militaire.

Dans aucun cas, les Directeurs d'ambulance ne peuvent renvoyer le soir les convalescents qui rejoignent leurs corps; ils doivent les mettre en route après le repas du matin (*ces indications ne sont données qu'à titre consultatif et pour permettre aux visiteurs de répondre aux malades. Des informations plus précises seront d'ailleurs obtenues en s'adressant à l'intendant chargé des ambulances, rue Saint-Dominique, 94*);

10° A la fin de la présente instruction, MM. les visiteurs trouveront la liste des ecclésiastiques parlant breton qui se sont fait connaître au siége de l'association. Cette liste leur permettra de satisfaire aux demandes qui leur seraient adressées dans le but de procurer à nos compatriotes malades ou blessés les consolations de la religion;

11° D'après les règlements adoptés pour les inhumations, le chef de l'ambulance dans laquelle un homme est décédé doit faire connaître à l'hôpital répartiteur s'il entend conserver le corps et se charger de pourvoir aux frais d'inhumation, au moyen de ses propres ressources. Dans le cas contraire, l'hôpital répartiteur prend des mesures pour faire enlever le corps immédiatement.

La Société a été sollicitée de se charger de ces frais d'inhumation. Elle le désirerait pour répondre à des considérations d'ordre moral dont elle apprécie toute l'importance, mais elle ne peut oublier qu'en raison du grand nombre de ses compatriotes exposés à la fortune des armes et à l'action des maladies, elle se trouverait entraînée plus loin que ses ressources ne le lui permettent, si elle autorisait, d'une manière générale et permanente, les membres visiteurs à faire, en son nom, les dépenses de cette nature. — Jusqu'à nouvelle information, elle prie donc les visiteurs de vouloir bien en référer sans délai au Président, toutes les fois que, par suite de circonstances particulières, il leur semblerait nécessaire que la Société prît à son compte les frais d'inhumation d'un de nos compatriotes.

Dans tous les cas, le décès d'un Breton doit être signalé par urgence afin que le président puisse aviser à désigner un ou plusieurs membres de l'association pour accompagner le défunt à sa dernière demeure et prendre note du cimetière où le corps a été inhumé.—Ces pieuses indications seront ultérieurement transmises aux familles par les soins de l'association ;

12° La Société attache un grand intérêt à conserver les objets à usage personnel qui ont appartenu à ses compatriotes décédés dans les ambulances ; elle se propose de les envoyer plus tard aux familles pour qui ces objets deviennent de précieux souvenirs d'affection.

Les membres visiteurs sont donc priés de s'entendre avec les directeurs d'ambulances pour obtenir que, le cas échéant, on mette de côté les vêtements civils, montres, bijoux, couteaux, pipes, miroirs, porte-feuilles, lettres reçues, portraits-cartes, objets de religion qui ne sont pas laissés sur le corps du défunt, etc. Ces objets inventoriés, mis en paquet avec la mention du nom et du domicile du Breton décédé, doivent être envoyés chez M. Gaudin, rue Abbatucci, 50, où ils sont confiés à la garde d'un agent spécial. — Il en est donné décharge aux ambulances et au nom de la Société par les visiteurs. — Toute somme d'argent n'excédant pas dix francs peut être comprise dans ces paquets. Au-dessus de ce chiffre, les sommes d'argent sont laissées aux ambulances pour être envoyées aux maires et déposées ensuite à la Caisse des dépôts et consignations.

Telles sont les instructions générales que le Comité breton croit devoir transmettre à MM. les membres visiteurs de l'association. Elles sont nécessairement incomplètes, mais le Comité compte sur les inspirations du cœur et sur l'expérience pour être assuré que les visiteurs sauront suppléer d'eux-mêmes à ce qui n'a pas été tracé d'avance. Il a déjà des exemples vraiment remarquables à cet égard. Il ne doute pas que les membres dévoués et bienfaisants qui lui prêtent leur précieux concours ne l'aident puissamment à réaliser, dans les meilleures conditions possibles, la pensée qui a donné naissance à l'Association bretonne dans les premiers jours du siége de Paris.

Paris, le 5 décembre 1870.

Pour les Membres du Comité :

Le Secrétaire général,

L. Le Prédour.

Le Président,

Mis de Ploeuc.

Liste nominative des Ecclésiastiques parlant le Breton et résidant à Paris.

Rive droite.

MM.
abbé DE KERGARIOU, rue de Bondy, 32.
R. P. CLEAC'H, aux Oblats, rue de Saint-Pétersbourg, 40.
abbé JOLIVET aux Oblats, rue de Saint-Pétersbourg, 40.
abbé CHALANDRE, aumônier de l'hôpital Saint-Louis.
abbé RIHET, vicaire à l'église Saint-Louis-d'Antin.
abbé FÉROIS, eudiste, rue de Sévigné, 48.
P. ORY, rue de Sévigné, 48.
abbé LE GUILLOU, curé de Saint-Justin (Levallois).
abbé KERGOS, vicaire à Boulogne.
abbé DU MARALLAC'H, aumônier du 6e bataillon du Finistère.
abbé KÉRAMBRUN, aumônier du 3e bataillon des Côtes-du-Nord.
abbé JAFFRÈS, aumônier du 3e bataillon du Finistère.
abbé BOUCHÉ, ministère de la marine.
abbé LUCAS, aumônier au fort de Bicêtre.

Rive gauche.

MM.
Le R. P. JOUAN, rue des Postes, 35.
Le R. P. TANGUY, rue des Postes, 18.
Le R. P. MARET, rue de Vaugirard.
Le P. JÉGOU, rue des Postes, 18.
Le P. RIVALAIN, rue des Postes, 18.
L'abbé SÉGUION, collége de Vaugirard.
Le P. DULONG DE ROSNAY, chez les maristes, rue de Vaugirard, 132.
L'abbé LE GRAVEREND, à Sainte-Barbe, place du Panthéon.
L'abbé TRÉGARO, rue de l'Université, 13.

Liste des Membres Interprètes pour les différents dialectes de la Langue bretonne.

(Les Interprètes sont pourvus d'une Carte spéciale délivrée par le Comité breton. — Toute demande à l'effet d'obtenir un Interprète doit être adressée au Président du Comité, 3, rue de la Vrillière, ou au Secrétaire général du Comité, au Ministère de la Marine.)

MM.
GUIEC, rue Beudant, 10.
ORINOT, rue du Petit-Lyon, 46.
MIGNON, aven. de la Grande-Armée, 47.
UPORTAL, rue Vivienne, 3.
JALLON, au ministère de la marine.
ANIEL, rue du Pré-aux-Clercs, 14.
SERJEAN, au ministère de la marine.

MM.
HUBY, au ministère de la marine.
BRÉMOULET, rue de Rivoli, 56.
Mlle ABGRALL, rue de Turin, 12.

Liste des Membres accrédités pour visiter les Ambulances au nom d[e] la Société bretonne d'Assistance aux Blessés et aux Malades.

(Les Membres visiteurs sont pourvus de Cartes spéciales délivrées par le Comité breton.)

1er arrondissement.

MM.
DE VILLEBLANCHE, rue des Pyramides, 4.
COURBOULAY, rue d'Argout, 20.
ESMEIN, rue Taitbout, 5.

2e arrondissement..

MM.
OLIVIER, au Crédit foncier ou rue des Prêtres-Saint-Germain, 18.
THOMAS, rue Louis-le-Grand, 25.
POILPOT, rue Thévenot, 10.
SAUVAGE, rue Thévenot, 12.

3e arrondissement.

MM.
VESSIOT, rue Saint-Gilles, 11.

4e arrondissement.

MM.
DORVAULT, rue Nonains-d'Hyères, 21.
NICLOT, rue du Temple, 55.

5e arrondissement.

MM.
ADAM, rue Guy-Labrosse, 9.
CALOHAR, rue Cardinal-Lemoine, 85.
DAGUILLON, rue du Puits-l'Hermite, 2.
DE VALROGÉ, rue Soufflot, 2.

6e arrondissement.

MM.
VERCHIN, rue Saint-Placide, 40.
DE PENKOAT, rue Saint-Dominique-Saint-Germain, 16.
URVOY, rue Saint-Benoît, 14.
LE TRAON, rue de Bréa, 21.

7e arrondissement.

MM.
FOLGALVEZ, rue de Varennes, 42.
DANIEL, rue du Pré-aux-Clercs, 14.
COURAYE DU PARC, rue de la Chaise, 22.

8e arrondissement.

MM.
FERRON, rue Clapeyron, 5.
PORTIER, rue de Penthièvre, 25.
GAUDIN, rue Abbatucci, 50.
LE LASSEUR, rue Roquépine, 8.

9e arrondissement.

MM.
DURASSIER, 48, rue Caumartin.
LE COUTURIER, rue Nollet, 7 (Batignolles).

10e arrondissement.

MM.
TREFFEL, rue Paradis-Poissonnière, 10 (dans les compagnies de marche).
PILLOIT, rue Martel, 8.

MM

ICLOCQUE, rue Paradis-Poissonnière, 42.

E VILERET, rue Paradis-Poissonnière, 55.

ASSARD, boulevard Magenta, 26.

11e arrondissement.

MM.

OONAN, rue du Chemin-Vert, 26 et 28.

UCHET, avenue Parmentier, 10.

12e arrondissement.

MM.

e docteur LE MAGUET, rue Saint-Antoine. 205.

ARTIN, quai de Bercy, 59.

13e arrondissement.

MM.

E TALLEC, quai de la Gare, 12.

E LA FAYE, avenue d'Italie, 75.

14e arrondissement.

MM.

ILLAIS, boulevard de Vaugirard, 42.

E PINDRAY, rue de Médéah.

15e arrondissement.

MM.

AUT DE COUESNONGLE, quai de Javel (à bord du *Puebla*).

16e arrondissement.

MM.

LE MIGNON, avenue de la Grande-Armée, 47.

LE TESTU, avenue Wagram, 53.

17e arrondissement.

MM.

BELLAMY, rue Truffault, 72.

SEPTANS, rue Nollet, 88.

LE NY, avenue de Clichy, 11.

LEFEBVRE, rue Nollet, 89.

18e arrondissement.

MM.

CHEVALIER, passage de l'Elysée-des-Beaux-Arts, 6 (Montmartre).

CALVET, rue Truffaut, 35 (Batignolles).

19e arrondissement.

MM.

LE SÉNÉCHAL DE KERDRÉORÉ, rue des Saints-Pères, 60.

HÉRIAUD, place des Batignolles, 22.

20e arrondissement.

MM.

LE BOURLOUT, boulevard de Charonne, 44.

LIBERGE, rue Beaubourg, 36.

CLOSMADEUC, rue Montmartre, 164.

Extra-muros. — L'abbé DE KERGARIOU, rue de Bondy, 32.

Liste des Membres du Comité élu en assemblée générale pour représenter la Société bretonne d'Assistance aux Blessés et aux Malades.

	MM.
Finistère......	Le marquis DE PLŒUC, *Président*, rue de la Vrillière, 3. LE PRÉDOUR, *Secrétaire général*, ministère de la marine. Le docteur L'ALLOUR, *l'un des Vice-Présidents*, rue de Maubeuge, 14.
Côtes-du-Nord...	LE BRETON, Ecole militaire. URVOY, rue Saint-Benoît, 24. BOIS-MARTEL, rue des Batignolles, 51.
Ille-et-Vilaine...	PORTIER (Edouard), rue Montaigne, 22. BEAUFILS, place du Havre, 16. LOYSEL, rue de l'Ancienne-Comédie, 13.
Morbihan......	Le docteur LE MAGUET, *l'un des Vice-Présidents*, rue Saint-Antoine, 205. CLOSMADEUC, rue Montmartre, 164. LE NORCY, rue Tronchet, 18.
Loire-Inférieure...	GRELLIER, *Trésorier*, place Sainte-Opportune, 3. Le docteur RELIQUET, rue d'Enghien, 44. RINCÉ, rue de Châteaudun, 5.
Côtes-du-Nord...	LE COARER, *Secrétaire*, à la Mairie de Paris (annexe Nord de l'Hôtel-de-Ville).
Loire-Inférieure...	LE BEAU, *Secrétaire*, au Ministère de la Marine.

SOCIÉTÉ BRETONNE D'ASSISTANCE

AUX BLESSÉS ET MALADES

Monsieur, je vous donne avis que le nommé (1)

Breton du Département de est (2)

le à l'ambulance de

Rue n°

(3)

Paris, le 1871.

(1) Soldat, marin, mobile, etc.

(2) Entré ou décédé.

(3) Indiquer s'il parle français.

MODÈLE B.

SOCIÉTÉ BRETONNE D'ASSISTANCE

AUX BLESSÉS ET MALADES

ARRONDISSEMENT. — QUARTIER DE

Ambulance d

Salle N° Lit N°

N° matricule du régiment

Nom

Prénoms

Né à

Département d

Parle-t-il le Français ?

Entré à l'Ambulance le 187

Sorti le

Blessure (1)

Maladie (1)

(1) Indiquer la nature de la blessure ou de la maladie et si elle est grave ou légère.

OBSERVATIONS.

Donner des renseignements sur la famille et sur la quotité des secours qu'il serait utile de lui accorder.

Nombre de visites dans la semaine. . . . .

Le Sociétaire,

NOTA. Cette feuille devra être envoyée le samedi matin de chaque semaine, ou plus tôt, s'il y a urgence, au Président de la Société, nos 1 et 3, rue de la Vrillière.

Imp. J. DUMAINE rue Christine, 2.

www.ingramcontent.com/pod-product-compliance
Ingram Content Group UK Ltd.
Pitfield, Milton Keynes, MK11 3LW, UK
UKHW021038200726
13857UKWH00005B/1805